# Un nuevo corazón

## Carolains Urdaneta

Reservados todos los derechos. No se permite la reproducción total o parcial de esta obra, ni su incorporación a un sistema informático, ni su transmisión en cualquier forma o por cualquier medio (electrónico, mecánico, fotocopia, grabación u otros) sin autorización previa y por escrito de los titulares del copyright. La infracción de dichos derechos puede constituir un delito contra la propiedad intelectual.

El contenido de esta obra es responsabilidad del autor y no refleja necesariamente las opiniones de la casa editora. Todos los textos e imágenes fueron proporcionados por el autor, quien es el único responsable por los derechos de los mismos.

Publicado por Ibukku, LLC
**www.ibukku.com**
Diseño de portada: Carolains Urdaneta s
Diseño y maquetación: Diana Patricia González Juárez
Copyright © 2017 Carolains Urdaneta
ISBN Paperback: 978-1-68574-475-5
ISBN eBook: 978-1-68574-476-2

# ÍNDICE

¡Bienvenida! ... 7

**Sesión uno**
Corazón enlutado ... 9
    Características ... 10
    Motivos y consecuencias ... 13
    Una decisión con determinación ... 15

**Sesión dos**
Nuevo y vacío ... 17
    Muchos colores ... 17
    Un toque de algodón ... 19
    Un dulce por la mañana ... 19

**Sesión tres**
Eres amada ... 21
    Enamorado solo ... 22
    Emisarios intencionales ... 23
    Detalles de la conquista ... 23

**Sesión cuatro**
Eres hermosa ... 25
    Diseño exclusivo ... 25
    Perspectiva correcta ... 26
    Mujeres reversibles ... 27

**Sesión cinco**
Eres valiosa ... 29
    Especial tesoro ... 29
    Un valor invaluable ... 31

**Sesión seis**
Eres importante ... 33
    Te quiero escuchar… ... 33

**Sesión siete**
Eres pura ... 37
    Imaginación y creatividad ... 38
    Un relato muy especial ... 39

**Sesión ocho**
Eres mi voluntad ... 43

| | |
|---|---|
| Un evento planificado | 44 |
| Un plan resguardado | 44 |

Sesión nueve
| | |
|---|---|
| Tienes un propósito | 47 |
| Un altar | 47 |
| Un tenedor | 48 |
| Una flecha | 49 |
| Un martillo | 49 |

Sesión diez
| | |
|---|---|
| Reto a una mujer decidida | 51 |
| 1. ¿Qué hacer? | 53 |
| 2. ¿Con quién trabajar? | 53 |
| 3. ¿Cómo hacerlo? | 54 |
| 4. ¿Dónde hacerlo? | 55 |
| 5. ¿Cuándo iniciar? | 56 |

*A mi Abba creador y soberano de todo, por confiar sus sueños a una imperfecta hija que le ama; a mi pastora Jeidy de González por haber creído en Él con todas sus fuerzas y enseñarme el camino.*

# ¡Bienvenida!

Para las mujeres nuestro corazón es un tema serio, en él albergamos quienes somos en esencia; él en sí mismo no es trascendente si dentro no estuviera todo el trayecto recorrido de la carrera de resistencia llamada vida. Desconozco el estado de tu corazón en este punto de tu carrera, no sé si ha sido tan maltratado que ya ni siquiera recuerdas si tienes uno. ¡Solo sé que mi papá y yo estamos aquí para ayudarte a que consigas uno nuevo!

Hoy inicia para nosotras un viaje que terminaremos fructíferamente con la ayuda de Dios y tu poderosa determinación.

Con amor, Carolains.

# Sesión uno
## Corazón enlutado

"… ve y quita el cilicio de tus lomos (…)" *Isaías 20:2*

En tiempos del profeta Isaías el cilicio era un manto de color negro que cubría casi todo el cuerpo de una persona quien voluntariamente decidía vestirlo para reflejar la profunda tristeza, dolor y sufrimiento que llevaba dentro de sí. Esta vestimenta era de textura áspera ya que estaba confeccionada de pelos de cabra que producían profunda *mortificación* a quien lo vestía; hasta tal punto que era considerado como una penitencia el vestir de cilicio.

Ahora bien, estimada lectora, te estarás preguntando cómo un libro que por su título aparenta ser de esperanza y ánimo comienza hablando de las vestimentas de dolor que portaban en tiempos bíblicos; la respuesta la tendremos a través de la opinión del *caballero de la cruz:*

"… ¿a quién se le ocurriría remendar una prenda vieja con tela nueva? Pues el remiendo nuevo encogería y se desprendería de la tela vieja, lo que dejaría una rotura aún mayor que la anterior".

*Marcos 2:21 NTV*

Sé que estás pensando que Jesús además de carpintero fue buen costurero, realmente nuestro Señor es el mejor en todo. De otro lado, lo que realmente quiero que veamos es el interés de Jesús en hacernos entender que no podemos mezclar lo nuevo con lo viejo porque la *rotura* sería mayor.

Nuestro objetivo de tener un nuevo corazónno está exento de este principio, necesitamos identificar lo viejo para desecharlo y poder tomar lonuevo de Dios para ti; así que comencemos a identificar.

## Características

Muy posiblemente ese manto negro y áspero ha estado sobre ti; a continuación, identificaremos ciertas características de un corazón vestido de cilicio.

1. **No es capaz de amar:** el cilicio lo primero que hace en un corazón es quitar la capacidadde amar; entendiendo amar no comosentimiento sino como la decisión que lleva a apreciar y valorar sin esperar perfección de quien se ama.

    Si has experimentado el negarte a aceptar y valorar a otros por encima de los defectos que tienen, quiero decirte con todo mi amor que el cilicio está sobre tu corazón.

    Escribe en el espacio presentado el nombre de tres personas que te cuesta aceptar por defectos o actitudes que a usted le desagradan:

2. **Pierde su identidad:** deja de ser quién es para convertirse en alguien ajeno a sí mismo. El cilicio comienza a mostrar una falsa personalidad; ilustrémoslo así:

Rebeca es una mujer que desde niña fue considerada la más dulce y cordial donde quiera que se encontraba, al llegar a sus 25 debido a hechos fortuitos que había tenido que vivir su corazón se vistió de tristeza y dolor; lo que la convirtió en una mujer obstinada y permanentemente predispuesta e indispuesta.

Tal vez tú no eres Rebeca, pero has sufrido un cambio brusco en la personalidad, quizá de ternura a amargura, de paz a constante desasosiego, de amor a resentimientos como consecuencia de una capa de cilicio en el corazón.

Describe en el espacio destinado las características que construían tu personalidad en tu niñez y juventud:

_____

_____

_____

_____

3. **Desconfía y menosprecia:** no es capaz de confiar en las capacidades y valores de las personas que le rodean; por el contrario, subestima lo que pudieran llegar a lograr. Estaríamos frente a esas líderes de distintas áreas con tanto cilicio en el corazón que no pueden delegar ninguna función porque consideran que le fallarán en cualquier momento.

En la siguiente escala señala qué tan seguido delegas alguna responsabilidad:

- Siempre
- Casi siempre
- Casi nunca
- Nunca

4. **Olvidó sonreír:** hoy en día el concepto de sonrisa manejado en las fotografías es tan errado y distante del verdadero significado de esta palabra. La acción de sonreír no es más que el espejo del gozo del corazón; por tanto, un corazón entristecido jamás podrá experimentar de nuevo la genuinidad de una sonrisa que sale desde lo profundo de todo su ser.

   **Escribe en las siguientes líneas la última vez que sonreíste desde dentro de tu corazón:**

   _____

   _____

   _____

5. **Está insatisfecho:** *la insatisfacción* me asegura que no tengo todo lo que debería y que lo poco que tengo me lo merezco y ni siquiera es suficiente para que mi estatus sea el de una mujer feliz. La insatisfacción es el aroma que el cilicio arroja cuando su estadía ya ha avanzado en un corazón; no permite identificar ni disfrutar todo lo bueno que rodea la vida de una mujer; esposo, hijos, padres, amigos, ya nada calma el hambre de una insaciable sensación de insatisfacción.

Quizá a través de estas características has podido identificar si tu corazón viste cilicio; el objeto de que conozcamos no es que lamentemos, sino que descubramos aquello que silenciosamente se devora nuestra felicidad y se lo impidamos.

## Motivos y consecuencias

Estoy convencida que tú no decidiste de la noche a la mañana ir al centro comercial a comprar un feo abrigo de cilicio para la temporada de invierno, más bien silenciosamente este fue entrando hasta quedarse a vivir en tu corazón.

A la hora de fabricar una excusa los motivos son la materia prima, en este caso no seremos las que confeccionen la excusa maestra para justificar el abrigo de cilicio que está sobre el corazón; al contrario, nuestra intención será el encontrar las raíces del árbol que está dando fruto de luto para deshacernos de este *eficazmente*.

Como mujeres estamos expuestas a eventos fortuitos; es decir, acontecimientos que no sabíamos que sucederían porque de lo contrario lo habríamos evitado. Quizá tu evento fortuito fue un padre que se marchó de casa cuando más anhelabas que se quedara, un matrimonio que se desvaneció, o la pérdida física de un ser amado tal como fue el caso de nuestra hermana Noemí cuya historia es narrada en la biblia en el libro de Rut capítulo 1.

Quiero que nos centremos en nuestra hermana Noemí, desde el origen de su nombre (del hebreo *noami*, dulzura, encanto, delicia) hasta el hambre repentina que brotó en su tierra y la muerte de su esposo e hijos, los que se convertirían en aquellos eventos fortuitos que hicieron que ella misma se renombrara como Mara (del hebreo *marah*, amargura).

Quiero que intentes entender la vida de nuestra estimada Noemí, ella era una *dulce* mujer que tenía un feliz hogar en una localidad que le gustaba con el hombre de su vida y dos preciosos hijos varones; repentinamente sobrevino crisis económica en el sector donde vivían, lo que movió a su esposo a tomar la decisión de mudarse a otra ciudad donde este moriría al llegar y quedaría sola Noemí con sus hijos; quienes luego de casarse con mujeres nativas de su nueva tierra también murieron.

Sé que estás pensando en lo desdichada que pudo llegar a ser Noemí, pero quiero que sepas que nada de lo que puedes imaginar se acerca al verdadero sentimiento de esta mujer. Ella estaba verdaderamente desgarrada en su corazón, tanto que al volver a su localidad original pidió a sus antiguos vecinos le llamarán "amargura".

¿Qué sucedió con la dulce Noemí? El amargo sabor de un evento fortuito penetró a su corazón cubriéndolo de cilicio.

Permíteme decirte que Dios no se había olvidado de nuestra hermana y por ello la bendijo con unas hermosas nueras que en su misma condición de viudas anhelaban hacerle compañía porque la amaban hasta tal punto que una de ellas tomó la decisión de estar a su lado como hija para siempre; solo que tanto cilicio no permitió que Noemí pudiera ver la bendición que tenía a su lado.

Ni tu ni yo somos Noemí, quizá tu historia no sea tan dura como la de ella; pero sé que tienes tu propio evento que posiblemente te convirtió de dulzura a amargura y marcó para siempre tu historia, quizá de manera explícita y puntual, o tal vez inmersamente en hechos aislados como gotas que rebosaron tu copa, a través por ejemplo del constante maltrato de un padre o un esposo.

Lo cierto es que la consecuencia de un corazón enlutado es que no nos permite ver luz en medio de tinieblas, no nos deja disfrutar los tesoros que tenemos, ni ver más allá de nuestra condición; un corazón lleno de luto se queda anclado al pasado hasta tal punto que lo hace su presente y desvaloriza toda buena dádiva del "ahora".

**En las siguientes líneas relata lo que para ti fue tu evento fortuito:**

_____
_____
_____
_____

**Enumera las buenas dádivas de Dios para ti que has dejado de disfrutar:**

1. _____
2. _____
3. _____
4. _____

# Una decisión con determinación

*"Una decisión con determinación que me lleve a una resolución"* son las palabras textuales de una mujer que admiro en el Señor, el Padre utilizó a mi pastora Jeidy de González para enseñarme entre muchas otras cosas este principio. Hasta este punto de nuestra primera sesión hemos podido identificar todos los factores que rodean un corazón enlutado; ahora es el momento más determinante por lo que te pido no vayas

a interrumpirlo, el Señor y yo necesitamos que te enfoques y elimines toda distracción, (si no lo estás) busca un lugar a solas con Dios y este libro.

Sé que eres una mujer decidida y has hecho lo necesario para que podamos continuar, quiero entregarte una perla que bendijo mucho mi vida hace un tiempo y es el *"poder de la decisión";* Jesús nos prometió que nos entregaría poder cuando su Espíritu estuviera en nosotros (Hechos 1:8); esto quiere decir que nuestras decisiones en sí solas no tienen poder sino es por el Espíritu Santo que está con nosotras.

El Espíritu que el Padre ha puesto en nosotras nos da el poder de tomar decisiones que cuando van cargadas de determinación nos llevan a una resolución que cambiará totalmente nuestras vidas. Y esto es lo que como mujeres necesitamos, tomar la decisión con determinación de entregar en las manos del Padre nuestro corazón enlutado, ese con el que hemos estado *sobreviviendo.*

Te animo a que ahora mismo a través de una conversación con Dios le entregues en sus manos tu corazón, tú no estás condenada a vivir para siempre con un corazón vestido de cilicio; Jesús no murió por ti en la cruz y resucitó para eso, toma esta verdad y ve al Señor a entregar lo que no es tuyo; luego recibe mayor ánimo y sonríe porque en nuestra próxima sesión vamos a comenzar a estrenar un nuevo corazón.

# Sesión dos
## Nuevo y vacío

"Les daré un corazón nuevo y pondré un espíritu
nuevo dentro de ustedes. Les quitaré ese terco corazón
de piedra y les daré uno tierno y receptivo"
*Ezequiel 36:26*

Este versículo además de considerarlo como lema del libro, tiene mucho que darnos sobre la intención del Padre de entregarnos un corazón nuevo y vacío.

Para efectos del contexto de esta sesión consideraremos nuestro nuevo corazón como un recipiente; quiero que podamos tomar el siguiente pensamiento como una plataforma:

-Un corazón nuevo involucra la responsabilidad de llenarlo, y lo haremos a través de un proceso cuidadoso.

Es un hecho que se te entregó un corazón nuevo y vacío, ahora la responsabilidad otorgada es ser muy cuidadosa con todo lo que permitirás que entre en él.

## Muchos colores

Si has tenido la oportunidad de observar la decoración de un salón de clases para niños de preescolar habrás notado que está lleno de muchos colores; factor que describe a la perfección la alegría como característica de los participantes de la clase. Si algo posee un niño feliz es alegría por montones, y los colores son reflejo de ello.

¡Alégrate conmigo! Tu nuevo corazón está estampado de preciosos colores, tu recipiente está vacío aún pero ya está vestido con una hermosa túnica de muchos colores como la de José; aquel joven cuyo padre le regaló esta prenda especial que representaba la alegría y entusiasmo que acompañaban a los sueños y promesas que reposaban sobre él (Génesis 37:3).

**Toma unos minutos y utiliza colores para convertir la siguiente ilustración en tu cromo favorito. ¡Decora de alegría tu nuevo corazón!**

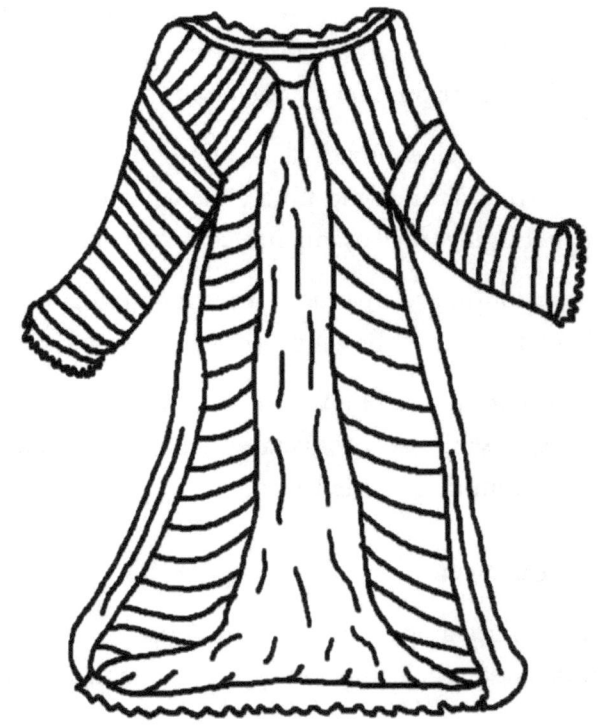

## Un toque de algodón

"Que su belleza sea más bien la incorruptible, la que procede de lo íntimo del corazón y consiste en un espíritu suave y apacible (…)" *1 Pedro 3:4 NVI*

Cuando medito en lo que el Apóstol Pedro quiso decir a las mujeres en el verso anterior es inevitable que la imagen de un retazo de algodón venga a mi mente, y en esto consiste el primer regalo que guardaremos dentro de nuestro nuevo recipiente; la capacidad de tener un carácter *suave y apacible* dentro de nosotras, imprescindible para poder relacionarnos con otros sin herir a nadie, en términos generales lo que el padre nos entrega hoy es una buena dádiva que no solo nos bendice a nosotras, también a quienes nos rodean.

El algodón que entra hoy a nuestro recipiente no solo nos será de ayuda a sostener a través de la paz nuestras relaciones interpersonales; también transformará nuestra condición interna, ya que estudios realizados por la Universidad Politécnica de Hong Kong aseguran que esta fibra tiene la estructura similar a una esponja, lo que la hace capaz de absorber; esta propiedad nos demuestra que nuestro carácter suave y apacible nos permite recibir e impregnar en nuestro ser todo cuanto el Padre nos quiera entregar y es a través de recibir de Él que seremos verdaderamente llevadas a una transformación completa, lo que Ezequiel 36:26 llama como un corazón "receptivo".

## Un dulce por la mañana

Tal vez esta afirmación no te resulte apetitosa, la mayoría de las personas consideran desagradable el consumir un dulce en ayunas (excepto a mí); pero el dulce que el Señor va a verter sobre tu nuevo corazón cada mañana no es el que yo degusto en mis amaneceres; sino uno que te va a convertir en alguien totalmente"consumible" y agradable al paladar no solo del Padre sino también de todo un entorno que está recubierto de hiel.

"Como panal de miel destilan tus labios, oh esposa mía (…)" *Cantares 4:11 RV*

En el verso anterior se aprecia cómo el Rey Salomón tuvo la dicha de tener una esposa cuyo corazón estaba revestido de dulzura, pues sus labios así lo aseguraban; nuestro caballero de la cruz estableció claramente este principio:

"… de la abundancia del corazón habla la boca" *Lucas 6:45 RV*

Mi estimada lectora, celebra y recibe con fe la verdad que a partir de este momento cada mañana tus labios serán un panal de miel que brotará para todos, todo el día, no gracias a tus fuerzas sino a aquel que con lazos de muchos colores te entrega este regalo, es decir, el Padre. Sé que estás gozosa, sostén ese gozo para nuestra próxima sesión y adicional trae espacio en tu nuevo recipiente para guardar lo nuevo de Dios para ti.

# Sesión tres
## Eres amada

"Hace mucho tiempo se me apareció el Señor y me dijo: 'con amor eterno te he amado. Por eso te sigo con fidelidad" (…)'". *Jeremías 31:3 NVI*

Eres amada, aunque al escucharlo tu conciencia lo refute y tus recuerdos no concuerden con esta afirmación; creas o no, esta verdad seguirá floreciendo en tu nuevo corazón, yo espero que creas porque esa siempre será nuestra mejor opción y aligerará nuestro hermoso proceso de llenar el nuevo recipiente que hemos recibido. Ahora bien, si optas por no creer muy seguramente es porque estableciste un origen único de donde anhelas escuchar el amor que te tienen. Como mujeres de nuestra era actual tendemos a anclar nuestra expectativa en una fuente errada en absoluto, como un esposo, los hijos, familiares, amigos o incluso el ámbito laboral; lo que termina haciéndonos profundo daño al corazón cuando no recibimos lo que con ansias esperamos de ellos.

No trato de decirte que no esperes nada de ellos, solo que no dependas de estas áreas de tu vida porque son terrenales y solo pueden brindarte lo terrenal y pasajero; si esperaste de un ser humano (cualquiera que sea) sentirte amada o escuchar que lo eres, muy posiblemente a esta altura de tu trayecto recorrido en la carrera de la vida te sientes desalentada, y convencida que no eres tan amada.

Ahora bien, un nuevo corazón te fue entregado y este tiene establecido como única fuente tu Padre celestial, y a partir de esta sesión recibirás verdades que vienen de aquel que es verdadero.

## Enamorado solo

En el verso citado al inicio de la sesión actual, contemplamos las tiernas palabras de un enamorado que sigue a quién ama con fidelidad. Podemos suspirar al imaginar aquel adolescente enamorado en su tiempo de secundaria de aquella joven llena de hermosura y cualidades que la vuelven cada minuto más atractiva; él está encauzado en conseguir el amor de la chica que ama, mientras ella solo quiere que él entienda que no tiene el mínimo interés en él.

La ilustración anterior muy posiblemente te conduzca a alguna escena de su etapa de adolescencia, quizá también experimentaste la insistencia de un chico cautivado por ti que no se daba por vencido pese a tus claras negativas.

Te sorprendería saber que tienes a alguien que te sigue con fidelidad donde quiera que vas, te observa en la distancia y suspira de amor por ti aunque escuche muchas veces tus negativas. No te asustes, no es tu pretendiente de la juventud, ¡es Jesús! Nuestro caballero de la cruz, Él te ama profundamente hasta el punto de darlo todo, entregándose a sí mismo incluso, tomando el lugar que te correspondía como pecadora; la terrible posición de separación de nuestro Padre.

Mi amado Jesús te ama, no con un amor de solo palabras sino de acción, por eso fue a la cruz para protegerte. Ahora bien, mi pregunta puntual es, ¿le correspondes? ¿O mi Rey está enamorado solo? Responde en tu corazón.

## Emisarios intencionales

Un emisario es el responsable de entregar un mensaje, es el garante de que llegue el recadointacto al destinatario.

Tengo la maravillosa responsabilidad de hacerte saber que tu vida está llena de emisarios intencionales, que son enviados por aquel que te ama con amor eterno, Jesús. El Señor utiliza constantemente diversos medios para que sus palabras lleguen a ti, quizá un mensaje de texto en la mañana, una imagen en la web, una persona, un volante que le regalaron en la calle, o incluso este libro; lo que trato de hacerte saber es que tu mirada no esté en los medios sino en aquel que los utiliza.

Ninguna palabra que llegó de Dios para ti fue una casualidad, todo fue planeado por él; con la intención de recordarte que te lleva grabada en su memoria. Cualquiera que haya sido el emisario utilizado quiero que tengas muy presente que no llegó por iniciativa propia, sino que fue enviado a tu vida con un propósito, y esto también es parte del amor tan grande que el Padre del cielo siente por ti.

## Detalles de la conquista

"… me corona de amor y tiernas misericordias", *Salmos 103:4 NTV8*

Para las mujeres, las pequeñas cosas no pasan por alto, los detalles juegan un papel protagónico en nuestras características de género.

Tu eterno enamorado sabe que amas los detalles, por ello te muestra su amor diariamente a través de pequeñas pinceladas que marcan su nombre en cada bendición que puedes disfrutar. Desde los alimentos que llegan a tu mesa, la ropa que vistes, el amanecer que disfrutas, la familia con la que compartes no solo un apellido sino también los momentos más importantes de tu vida; todo esto y más son detalles que Jesús te obsequia para verte sonreír y mostrarte su amor en acción.

El Señor quiere verte feliz y plena, porque te ama y se encargará que esto se cumpla.

**Rellena la siguiente corona escribiendo dentro de ella cada detalle que Dios te ha dado.**

Para cerrar esta sesión te pediré que tomes un momento para hacer una declaración con fe y en alta voz:

"Yo soy amada por Dios quien va del amor a la acción y él me ha coronado".

# Sesión cuatro
## Eres hermosa

"Toda tú eres hermosa, amada mía, bella en todo sentido". *Cantares 4:7 NTV*

Estas palabras van más allá de un enunciado motivacional para mujeres, no se trata tampoco de un texto para agrandar su ego por encima de la baja estima que está consumiendo el amor propio de las féminas modernas; el verso citado manifiesta la perspectiva de los ojos de Jesús al mirarle.

## Diseño exclusivo

Resulta muy incómodo encontrarnos una mujer que viste exactamente la misma prenda que nosotras; por eso al agregar la palabra exclusivo todo se hace más comercial, los diseñadores conocen esta verdad, por eso se esmeran en sobremanera en lanzar al mercado diseños totalmente *exclusivos* y por lo tanto atractivos, en esta tarea empeñan todo su talento y sobre todo *creatividad*. Estimada lectora, eres un diseño exclusivo ya que Dios se tomó tiempo para crearte y se aseguró que *nadie* pudiera portar la misma hermosura que te entregó; eres una mujer única en su diseño original, pensada con delicadeza en cada singularidad que te describe. No conozco el color de tu piel u ojos, tampoco tu contextura física; solo sé que, aunque hayas nacido melliza eres una mujer únicamente hermosa.

No pretendas compararte con estándares externos para determinar tu belleza, dentro de tu nuevo corazón debe estar muy presente; la verdad que no necesitas parecerte a nadie para ser considerada hermosa porque ya lo eres en exclusividad de diseño.

**Escribe las características físicas únicas que te hacen hermosa:**

_____

_____

_____

_____

## Perspectiva correcta

Nuestra visión personal muchas veces le ha dado la razón a los medios de comunicación que se han encargado de fabricar un falso concepto de belleza, ellos crearon un modelo y nosotros lo tomamos como anteojos para ver a través de él; haciendo así daño a nosotras mismas al apoyar un estándar que lastima la verdadera hermosura de una mujer.

Jamás te sentirás hermosa si estás esperando verte como una modelo de revista de ropa interior, o como aquella que representa tu país en los concursos de belleza.

Lamentablemente la perspectiva femenina de la belleza se bañó de error y distorsión con el pasar de las generaciones, todo apunta a que se debe complacer un sistema que levanta patrones cada vez más altos, lo que aumenta sustancialmente la frustración de aquellas dispuestas a perseguir ciegamente el nivel de estos estándares.

Una mujer con un nuevo corazón tiene una perspectiva correcta de la belleza, este parte de la singularidad de cada característica que constituye el diseño único personal, y no del monstruo comercial que devora la autoestima femenina.

**¿En algún momento de tu vida te sentiste lastimada por los estándares falsos de belleza? Explica.**

_____

_____

_____

_____

## Mujeres reversibles

"… bella en todo sentido", *Cantares 4:7 NTV*

Cuando pensamos en una chaqueta para el frío *reversible* asumimos que la podemos lucir a la perfección del lado externo e interno, así también la mujer que es *bella en todo* sentido no solo es contemplable externamente sino también en su interior. Eres hermosa y tu nuevo corazón también lo es, lo que te convierte en una mujer absolutamente reversible. Pueden admirar tu belleza externa e interna con libertad. No eres esclava de las apariencias porque entiendes que debes ocuparte de la mujer interior para que sea fortalecida (Efesios 3:16).

Un corazón hermoso es aquel que produce placer a los ojos de Jesús.

**Escribe dentro del siguiente corazón los atributos que consideras que debe tener un corazón hermoso.**

# Sesión cinco
## Eres valiosa

"Mujer ejemplar, ¿dónde se hallará? ¡Es más valiosa que las piedras preciosas!" *Proverbios 31:10 NVI*

Valiosa, para Dios las mujeres llenas de virtudes como tú las considera valiosas.

Cual piedra preciosa que es buscada con esmero por sus cualidades y protegida una vez encontrada por temor a perderla; aún *más* valiosa que una perla o un diamante eres tú para el Padre.

## Especial tesoro

Al escuchar la palabra tesoro nos dirigimos a esas películas de piratas donde todos persiguen encontrar el cofre lleno de riquezas; lo que Dios quiere decirte es que no estás tan distante de esta escena.

"… vosotros seréis mi especial tesoro sobre todos los pueblos porque mía es toda la tierra" *Éxodo 19:5RV*

El significado de tesoro tiene que ver con un conjunto de riquezas que están guardadas y protegidas; evidentemente para no perderlas. En el contexto del versículo citado anteriormente

Dios le estaba diciendo a la nación de Israel que si cumplían con los requisitos que él les establecía ellos iban a estar en la consideración de su *especial tesoro*; es decir, iban a ser guardados y protegidos por él, pues no los querría perder.

Para tu tranquilidad nosotras no tenemos que perseguir requisitos inalcanzables para que el Padre nos considere su especial tesoro pues ya lo somos a través de Jesús. Cristo mismo cumplió en lugar nuestro todos los entándares que Dios tenía para que hoy puedas sonreír y recibir la hermosa bendición de conocer que ya eres el especial tesoro del Padre y que él no te quiere perder, por eso te guarda y protege celosamente.

No tengo la seguridad que tus familiares o amigos te consideren un especial tesoro, pues el sistema se ha encargado que las personas resten valor a lo que verdaderamente lo tiene; hoy en día vemos abundantemente que a lo *vano* se le guarda y protege, y lo que sin lugar a dudas se debe guardar y proteger (como una madre, esposa, amiga) simplemente se descuida.

Si tu caso es que en tu entorno todos te entregan el valor que tienes alégrate por esto; ahora bien, si al contrario te sientes poco valorada por aquellos a quienes amas, tu nuevo corazón va a resguardar a partir de este momento la realidad inconmovible que aunque otros abandonaron el cofre Dios sigue estimándote como un tesoro especial.

**A manera de recordatorio escribe tu nombre dentro del cofre.**

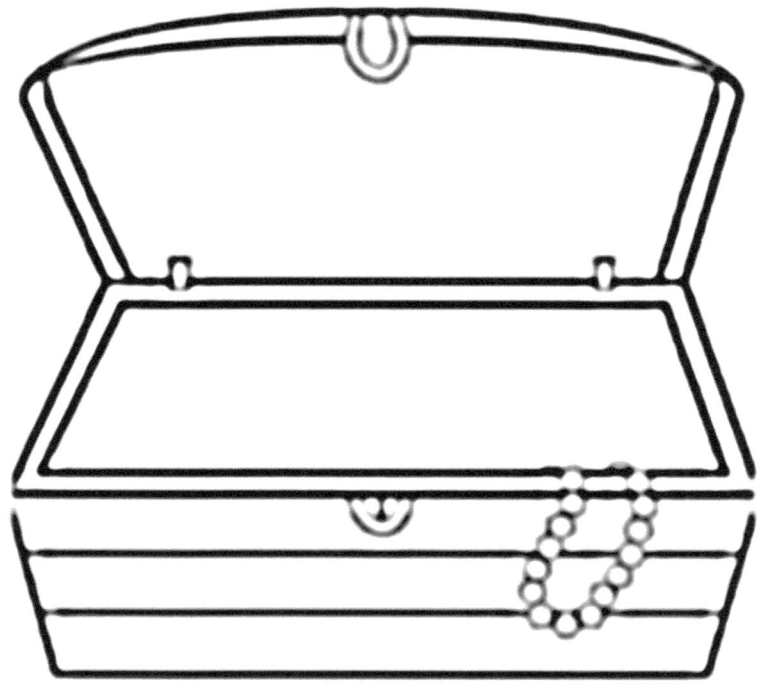

## Un valor invaluable

Solo un especialista en joyas puede determinar con exactitud y veracidad el valor de ellas, la verdad es que yo las veo y solo por su hermosura me parecen valiosas pero un experto puede determinar mucho más que eso. Así mismo el sistema de este mundo puede darte un valor que siempre quedará por debajo del que Dios te daría; para él eres simplemente invaluable; no existe la posibilidad que el Padre te refleje con exactitud cuánto es tu valor, debido al poderoso hecho que fuiste adquirida por un altísimo precio (2 Corintios 7:23) y no cualquiera, fue por la sangre de Jesús derramada en la cruz.

El tesoro no puede ser subastado porque para su dueño es absolutamente invaluable, no hay nada sobre esta tierra que Dios quiera adquirir a cambio de ti, él no está interesado en perderte; no existe para el Padre propuesta más atractiva que tenerte; y él anhela que en tu nuevo corazón esta verdad esté arraigada.

# Sesión seis
## Eres importante

> "Miren los pajaritos que vuelan por el aire. Ellos no siembran ni cosechan, ni guardan semillas en graneros. Sin embargo, Dios, el Padre que está en el cielo les da todo lo que necesitan. ¡Y ustedes son más importantes que ellos!" *Mateo 6:26 TLA*

Todo lo importante amerita atención; por esto en el verso citado Jesús enfatizó en el alimento de los pajaritos, más allá del origen del sustento de ellos, él hizo notar el tiempo que Dios dedica a contemplar a estos animalitos al punto de estar atento a sus necesidades.

Algo o alguien no puede ser considerado importante si no se le dedica atención y tiempo suficiente para estar incluso al tanto de lo que pueda necesitar; y estos dos factores sobreabundan de parte de Dios para ti, lo que *revela* lo significativa que eres en el corazón del Padre; esta es otra verdad que el Señor necesita que este amalgamada en tu nuevo corazón.

### Te quiero escuchar...

Tú necesitas y quieres ser escuchada; el Padre está al tanto de ello, él conoce lo difícil que es para ti cuando tus seres queridos toman decisiones sin siquiera consultarte o informarte, la incomodidad que te genera intentar dar una opinión donde no se te solicitó y por lo tanto no la quieren recibir; nada de lo anterior es ignorado por Dios, es por ello que él te envía este mensaje:

"Hija, yo te quiero escuchar, es importante para mí tu opinión, anhelo oír tu dulce voz y atender a tus valiosas palabras. No te frenes de hablar conmigo porque mis oídos están prestos para ti", con amor, tu Padre celestial.

**En las siguientes líneas escribe cómo te sientes al saber que tu opinión es importante para Dios.**

_____

_____

_____

_____

Más visible de lo que piensa Muchas veces la mujer se ha llegado a sentir absolutamente ignorada por el mundo que la rodea, aún dentro del hogar que en gran parte marcha por ella y su ardua labor; invisible para aquellos a quien ama profundamente y por quienes seguramente ha dado mucho. Todo este escenario puede sonar muy triste, más aún si lo has vivido o lo estás viviendo; mi intención no es que te deprimas pensando en esto, por el contrario, persigo puedas entender que, aunque muchos te perdieron de vista hay una poderosa mirada fijada sobre tu vida; unos preciosos ojos llenos de amor te contemplan y si lograras mirarlos fijamente, dentro de ellos encontrarías un rostro... el tuyo.

En los rincones más recónditos donde puedas estar, allí los ojos de Cristo te divisan con ternura y no te perderán de vista; debido a lo importante que eres; cerraremos esta sesión creyendo y guardando esta noticia en tu nuevo corazón.

**Completa la declaración colocando tu nombre. Repítela en voz alta tantas veces como sea necesario para que entre a tu nuevo corazón esta verdad.**

**Yo, _____ soy importante para Dios, él ama escucharme y sus ojos de ternura están sobre mí. Me dedica tiempo y atención, por lo tanto está atento a todas mis necesidades.**

## Sesión siete
### Eres pura

"Yo, yo soy el que borro tus rebeliones por amor de mí mismo, y no me acordaré de tus pecados *Isaías 43:26RV1960*

Estas son unas de las palabras más llenas de amor que he leído en mi vida, el aroma de la libertad se puede percibir en este versículo, entendiendo el perdón como la acción de liberar a otro de deudas; este verso huele a perdón, y en él se evidencia la disposición de Dios de dejarnos libres de culpas. Estas palabras citadas tienen todo que ver con el capítulo en desarrollo, no podemos hablar de pureza si no dejamos solventes las cuentas pendientes de nuestro pasado.

Dos grandes carpetas de deudas llamadas rebelión y pecado nos alejan de poder asumir la pureza como parte de nosotras; la rebeldía no solo la experimentan los adolescentes inmaduros, también como mujeres hemos tenido y en el peor de los casos se siguen teniendo eventos de rebelión al no ajustarnos a lo que sabemos es la voluntad de Dios para nuestras vidas, al endurecernos conociendo lo que el Padre espera de nosotras; sin embargo, Dios está presto para perdonar todas las veces que actuaste en insurrección a su voluntad, él no tiene problema con olvidar los momentos que fuiste rebelde a los planes creados para tu vida; él Padre desea dejarte libre de cuentas pendientes generadas por acciones de desobediencia; tal como lo lees, hoy es una oportunidad para que tu rebelión sea borrada para siempre de tu historial.

La segunda carpeta se llama pecado y esta representa todas las veces que le fallaste al Señor, esos momentos donde conociendo lo correcto decidiste obrar erradamente; para este portafolio Dios también ofrece la oportunidad de perdonarlo y no recordarlo jamás. Mi estimada lectora, la pureza que Dios te ofrece para ingresar a tu nuevo corazón está basada en el perdón de tus cuentas, lo que te hace limpia por completo.

## Imaginación y creatividad

"… Les aseguro que para entrar en el reino de Dios, ustedes tienen que cambiar su manera de vivir y ser como niños" *Mateo 18:3 TLA*

Unas de las singularidades que poseen los niños es la *imaginación y creatividad* gracias a la pureza contenida en su corazón; ellos no están muy preocupados por todas las cuentas a pagar ni cargados por diferentes problemas (mayormente debería ser así), lo que les da libertad a crear e imaginar todo cuanto quieran.

Jesús está interesado que vivamos como niñas no solo confiando, sino también dando rienda suelta a la imaginación y creatividad que depositó en nosotras y tantas veces ha sido bloqueada por cargas y preocupaciones.

Mi niñez no fue una etapa tranquila y en líneas generales digamos que tampoco muy feliz, estuvo cargada de eventos fortuitos y fuertes crisis de ansiedad prematura; lo que se convirtió en el muro de contención de mi imaginación y creatividad pues mi pureza fue desapareciendo progresivamente.

Mis días más tristes fueron cuando mi maestra planificaba asignarnos como tarea dibujar, crear maquetas, realizar manualidades, u otra actividad que ameritara creatividad o/e imaginación, pues mis compañeras de clase se manejaban excelentemente y yo terminaba mi jordana escolar inundada de frustración con una hoja en blanco o un trabajo mal elaborado en mis manos; no era mala suerte o simple desgano, sino el resultado de una mente ya adulterada con cargas que no me permitían crear ni imaginar.

Cuando Cristo llegó a mi vida hizo todo *nuevo* en mí, esto quiere decir que también me devolvió la pureza que perdí un día, y me ha permitido vivir la maravillosa experiencia de crear e imaginar.

Quizá para ti este tema no es trascendente, pero quiero recordarte que somos hijas de un Dios creativo, quien primero nos imaginó, nos soñó y luego nos materializó con sus poderosas manos, y somos llamadas a ser su imagen y semejanza; no te estoy pidiendo que desde hoy te conviertas en la más experta en manualidades o pintura, solo que le des la oportunidad al Espíritu Santo de llenar tu nuevo corazón de pureza en todo el sentido de la palabra.

## Un relato muy especial

Imagina una chica cuya ropa está llena de suciedad y sus pies descubiertos y expuestos a la rústica textura de la calle, sus cabellos desordenados y el rostro cubierto de mugre, caminando en soledad en algún lugar del mundo, inundado su ser de profunda depresión y vergüenza; en ese trayecto sin destino que esta mujer recorre es encontrada por un príncipe (tal como lo visualizas) lleno de hermosura reversible y con muchos recursos de su lado, además totalmente interesado en ayudar en todo cuanto pueda a esta desdichada joven, él le brinda su amor y ella lo recibe conociendo así por vez primera el rostro de la felicidad; tal historia narrada en cuentos de fantasía él la lleva a su casa cual castillo hermoso jamás visto.

El príncipe no está contento con solo tenerla, él quiere ir más allá y la lleva al trono de su Padre para que conozca a la joven y los planes que tiene con ella; la sabiduría que brota como río de los labios del Rey le recuerda a su hijo que para tenerla como esposa ella debe estar limpia, y esto solo se logrará si es lavada con sangre de un ser puro; decidido y movido por el motor del amor, nuestro caballero en cuestión valientemente decide emprender un viaje donde se entregaría a sí mismo a cambio de la tan necesaria sangre.

Con la promesa inconmovible de regresar a salvo él y traer consigo la sangre; el príncipe se despide de su amada futura esposa, a quien a cabalidad le cumplió cada palabra que le dijo, pues al tiempo señalado el objetivo fue alcanzado y nuestro protagónico caballero volvió y entre sus manos trajo el precio de la limpieza de su novia.

Con inmediatez cada siervo del Rey hizo su parte para la gran celebración que estaba por darse, la joven fue lavada y cubierta con un hermoso vestido color blanco, adornada con una imponente corona sobre su cabeza y un llamativo anillo puesto en su dedo como señal de autoridad, sus pies aún seguían descubiertos pues reflejaban la libertad de la que gozaba y su rostro engalanado con un maquillaje de gracia; todo listo en el hermoso patio del castillo, el escenario estaba dado para la histórica boda.

El novio espera con ansias a su amada al final de una larga alfombra roja, ella camina hacia él llena de ilusión; a mitad de su trayecto a brazos de su príncipe ella es paralizada por el temor, pues se da cuenta que en la ceremonia se encuentran personas que conocen su pasado, se llena de inseguridad y vergüenza delante de estos personajes que le miran con desprecio y desconfianza, a solo pasos de su amado se retira la corona de su lugar y lanza el anillo al piso detrás de un profundo llanto; pero su salvador y héroe no la dejaría en esa condición jamás; él corre hacia ella y la envuelve en sus brazos y le susurra: "yo no me avergüenzo de ti, sé de dónde te saque y tu antigua vida no me es desconocida, aun así te acepté y lo haré siempre. No desprecies todo lo que te he entregado por temor a otros, no te avergüences tú tampoco de mí, mi amada pequeña, estás conmigo y nada puede ocurrirte, nadie va a impedir que se materialicen mis planes contigo".

"… la sangre de Jesucristo su Hijo nos limpia de todo pecado" *1Juan 1:7 RVR1960*

Tal vez estás suspirando en este momento, o quizá llorando al darte cuenta de que la chica eres tú y el príncipe es Jesús (nuestro caballero de la cruz), quizá ya no deba explicarte que la historia solo es una alegoría y que eres tú a quién el Señor quiere limpiar de su pasado a través de su pura y preciosa sangre. Tu nuevo corazón necesita tener dentro la pureza que el Padre te ofrece a través de la obra de su hijo, no es a través de tus obras sino de su gracia; desconozco tu pasado y lo que hiciste en él, solo sé que nada es suficientemente grave como para que el perdón del Señor no lo cubra.

Susúrrale a tu nuevo corazón: yo soy pura a través de la obra de mi príncipe Jesús, este es el mejor regalo de mi Padre. Y pídele al Espíritu Santo que te ayude a entender esta poderosa realidad.

**Toma un tiempo a solas con el Espíritu Santo (el que sea necesario) e imagínate luciendo un hermoso vestido blanco, una corona llena de favor y un anillo de autoridad. Luego a través de una oración dale gracias a Dios por tan hermosa y buena dádiva a guardar en tu nuevo recipiente.**

# Sesión ocho
## Eres mi voluntad

> "Dios mío, tú fuiste quien me formó en el vientre de mi madre. Tú fuiste quien formó cada parte de mi cuerpo" *Salmo 139:13 TLA*

Quizá te has preguntado por qué naciste en esa familia, con esos padres y en esa parte delmundo; tal vez muchas veces la amarga interrogante del motivo por el que naciste ha visitado tus pensamientos. Muchas mujeres han atravesado la incómoda escena de enterarse que no fueron soñadas por sus padres, mucho menos planificadas, y ellas son el producto de un mal cálculo o una mala decisión.

Muy posiblemente en tus días no tan buenos has renegado de vivir y rechazado el momento de tu concepción, si esto es así no te culpo, el sistema del mundo ha querido convencer a la humanidad que su origen es una casualidad y que realmente no fueron soñados por nadie. En esta sesión tu nuevo corazón recibirá un obsequio muy especial, ¿estás preparada?

## Un evento planificado

"Me viste antes de que naciera. Cada día de mi vida estaba registrado en tu libro. Cada momento fue diseñado antes de que un solo día pasara", *Salmo 139:16 NTV*

"Mi princesa, con mucha delicadeza busqué el momento oportuno para tu llegada, más allá de los planes humanos de tus padres, tú ya eras mi plan perfecto. Yo decidí soberanamente la fecha de tu llegada a este mundo; con celo velé por ti en el vientre de tu madre y estuve encargado de la correcta formación de todos tus miembros, planifiqué sigilosamente tu nacimiento, tú eres mi sueño hecho realidad; nada de ti es una casualidad, todo fue diseñado para llevarte a mi propósito.

Aunque tus padres terrenales no tengan idea que fueron mi instrumento para materializarte, aunque ellos no te manifiesten amor, quiero que entiendas que mi amor es tuyo por completo, no pasas desapercibida en mi corazón y grabado tengo tu nombre en mi memoria… porque eres mi plan soñado y mi evento planificado".

Con amor: tu Padre Celestial.

**Coloca en el espacio la fecha exacta de tu nacimiento y el lugar. Luego sonríe porque ese día hubo una sonrisa en el rostro del Padre.**

---

## Un plan resguardado

No conozco tu edad, solo sé que si ya llegaste a este punto de la carrera es porque el Padre te ha resguardado; con amor sus brazos rodearon tu vida para que nada ni nadie interrumpiera su plan contigo.

Puedes estar convencida de que su amor te va a preservar hasta el fin, que él velará por ti y por el cumplimiento del propósito que te entregó.

"… él tiene cuidado de vosotros" *1 Pedro 5:7*

No necesitas un cuerpo de seguridad entrenado y armado para proteger tu vida, el amor del Padre es suficiente para que estés segura donde te encuentres. Tu Padre sobrepasa abundantemente todo poder humano, él es el todopoderoso, el dueño de todo el universo y tú su hija; ¿qué podría ser mayor que esto?

**Escribe tu nombre en el espacio, luego asegúrate que tu nuevo corazón reciba esta verdad y no salga de allí jamás.**

_____ ,

**eres la voluntad de Dios, su evento planificado y plan resguardado.**

# Sesión nueve
## Tienes un propósito

> "Yo te elegí antes de que nacieras; te aparté para que hablaras en mi nombre a todas las naciones del mundo" *Jeremías 1:5 TLA*

Caminar sin una visión es como dirigirnos al vacío, es vivir solo porque todos lo hacen sin entender exactamente a dónde van.

No naciste para vivir sin sentido, el plan de Dios no fue traerte a este mundo para que te unieras a la corriente; hay algo más allá de lo terrenal, el Padre te creó para que cumplieras el propósito de alegrar su corazón a través de diferentes facetas que dispuso para ti; siempre hacia un mismo norte: darle placer al corazón de Dios, quien hace todo nuevo en ti.

### Un altar

En la biblia la palabra altar es muy común en sus diferentes contextos desde donde puede concebirse su significado.

Nosotras para efectos de este capítulo entenderemos que un altar es un lugar destinado a *adorar* a Dios a través de sacrificios y ofrendas.

"... dediquen toda su vida a servirle y ahacer todo lo que a Él le agrada. Así es como se le debe adorar" *Romanos 12:1 TLA*.

"a Dios le agrada más que lo obedezcan, y no quele traigan ofrendas (...)" *1 Samuel 15:22 TLA*.

Fuiste creada para que tu vida sea un altar de adoración al único y poderoso Dios; la mejorofrenda y sacrificio que puedes ofrecer comoaroma grato al trono del Padre es tu obediencia. Tuvida debe ser llevada de manera tal que entregues mucho placer y gozo al Señor. Jesús mismo fue un altar vivo ya que todo cuanto hizo por nosotros fue en obediencia al Padre.

No es un estándar demasiado alto vivir siendoun altar que adore a Dios, cuando el Espíritu Santo está en ti él será quien te guíe a actuar en obediencia y por amor al Señor. Tu nuevo corazón debe arder en pasión por la sonrisa del Padre, así adorar no será una carga sino un deleite.

Mi estimada lectora, tu propósito consiste en llevar una vida que le dé gloria y honra al Padre en todas tus facetas; esto se cumple cuando amas y obras solo la voluntad de Dios para ti.

## Un tenedor

En el libro Éxodo de la biblia se encuentran detallados muchos de los utensilios que serían utilizados en el lugar de reunión del pueblo de Israel, con ellos la intención era rendir culto a Dios, darle placer, glorificar su nombre y ser un deleite para él.

Imagina un delicioso postre que es llevado al paladar de quien lo degusta a través de un tenedor; esta imagen mental además de ser muy apetitosa es muy significativa, otra faceta de tu propósito esconvertirte en el utensilio que agrade el paladar del Padre.

"Y hubo una voz de los cielos, que decía: Este es mi hijo amado, en quien tengo complacencia" *Mateo 3:17 RCR 1960*

Estas palabras las refirió el Padre sobre Jesús, quien vivía solo para darle placer a su corazón. Al igual que Jesús fuiste creada para ser un utensilio que satisface el corazón de Dios.

## Una flecha

"… me convirtió en una flecha pulida, y me escondió en su aljaba" *Isaías 49:2 NVI*

Una flecha pulida, preparada para ser lanzada a un punto específico y provocar algo; Dios te ha constituido una flecha que está marcada con su nombre para no perderte jamás, él te ha guardado en su bolsa especial, no para tenerte allí para siempre sino para esperar el momento oportuno y lanzarte a cumplir tu propósito.

Hay lugares específicos donde el Padre te va a enviar, será su mano quien te lance y tu entres a llevar todo cuanto Dios determine, tu propósito es causar un impacto a favor del cielo, es que el sistema sea lleno del conocimiento de Dios. Notemas no estar preparada para esto, pues será el mismo Señor quien te capacite y decida el momento oportuno para que entres a su arco y cual flecha afilada llegues al pleno cumplimiento de tu propósito.

## Un martillo

"¿No quema mi palabra como el fuego? —dice el Señor—. ¿No es como un martillo poderoso que hace pedazos una roca?" *Jeremías 23:29 NTV*

Finalmente la faceta a la que el Señor quiere llevar tu propósito es ser un martillo para esta generación; este instrumento es utilizado para moldear materiales que son altamente duros en su naturaleza. Fuiste creada como herramienta que posee dentro de sí la palabra de Dios, por tanto se te capacitó para que al abrir tus labios toda dureza de corazón sea hecha polvo.

Eres un martillo en las manos del Padre y él desea utilizarte como tal, no temas de abrir tus labios frente a mujeres que tienen un corazón endurecido y enlutado; tu nuevo corazón porta la palabra de Dios y ella tiene poder para pulverizar la coraza más gruesa.

Gracias a la obra perdonadora de Jesús tienes al Espíritu Santo viviendo en tu nuevo corazón, tu propósito es ser una hija de Dios que le dé placer y le obedezca en todo al cumplir su voluntad, se te está preparando como flecha afilada para alcanzar lugares específicos y como martillo para pulverizar toda grosura en el corazón de muchas otras mujeres.

## Sesión diez
## Reto a una mujer decidida

> "… de gracia recibisteis, dad de gracia" *Mateo 10:8 RVR1960*

Gracia es aquel regalo que recibimos sin merecerlo. Por gracia de Dios se escribió este libro y por esa misma gracia está en tus manos.

Muchas bendiciones tenemos en nuestras vidas sin merecerlas, aún el maravilloso hecho de poseer un nuevo corazón es puro regalo de Dios. No tienes que decírmelo para saber cuánto te bendijo este libro, con toda humildad te puedo asegurar que cada letra vino del corazón de Dios.

Creo firmemente que eres una mujer decidida, por ello te quiero retar a dar, dar todo cuanto se te dio a través de este libro; el reto tiene que ver con que cumplas tu propósito. El Padre y yo estamos interesados en que muchas otras mujeres tengan un nuevo corazón, pero tranquila, no te vamos a cargar con todas las mujeres del mundo; solo con cinco de ellas, a quienes tendrás la responsabilidad (si aceptas el reto) de hacerles llegar *un nuevo corazón*.

Si lo deseas ahora mismo puedes dejar de leer y dar por terminado este libro, si es que no estás dispuesta a recibir el reto no te preocupes, mi Padre y yo no te haremos culpable de nada, antes te felicitaríamos por ser sincera y no unirte a la gran cantidad de personas que toman responsabilidades y luego simplemente se *desentienden*.

Si ahora mismo estás leyendo este párrafo asumo que aceptaste nuestro reto y fuiste más allá del egoísmo, eso nos alegra de gran manera; por otro lado, muy seguramente, te preguntarás por qué me refiero a "nosotros" cuando hablo del Padre y de mí, la respuesta es muy sencilla: mi alimento es hacer la voluntad de mi Dios (Juan 4:34), además en los negocios de él me es necesario Estar (Lucas 2:49); así mismo el que se une al Señor en espíritu es con él (1Cor.6:17); por todo lo anterior ya no se trata solo de él o de mí sino de *nosotros*.

Diseño completo Nuestro reto te incluye a ti, mujer llena de virtudes y con un propósito específico, se trata que tú también formes parte de *nosotros y nuestra tarea;* que cada mujer del mundo suelte el corazón enlutado y reciba uno nuevo a través de Jesús.

Anteriormente te dije que solo te serían asignadas cinco mujeres específicas para cumplir tu tarea.

Cada vez que el Padre te asigne un objetivo específico trata de no moverte hasta que te entregue el diseño completo de lo que tienes que hacer, solo así podrás experimentar el hacer la voluntad de Dios sin adulterarla. Nuestro reto no es la excepción del principio planteado anteriormente, necesitamos que conozcas el proyecto completo para que puedas ejecutarlo; se cuenta con una estructura que podemos considerar como un filtro para identificar si tenemos completo nuestro diseño.

## 1. ¿Qué hacer?

Lo primero que vamos a identificar es qué vamos a hacer puntualmente, partiremos ubicando las cinco mujeres que tomarás en tu misión.

**Habla con Dios a través de una oración y pídele que traiga a tu memoria las mujeres que Él considera que necesitan un nuevo corazón. Luego que el Padre te muestre quiénes son escribe sus nombres en el espacio destinado.**

1. _____
2. _____
3. _____
4. _____
5. _____

Ahora que ya sabes quiénes son las mujeres que te fueron asignadas debes ubicarlas y hacerles llegar un nuevo corazón.

## 2. ¿Con quién trabajar?

"… llamó a sus discípulos y escogió a doce de ellos, a los que nombró apóstoles" *Lucas 6:13 NVI* "

Después el Señor escogió a otros setenta y dos discípulos y los envió de dos en dos delante de él a todas las ciudades y los lugares que tenía pensado visitar" *Lucas 10:1 NTV*

Después de todo ni siquiera el mismo Jesús trabajó solo, tampoco permitió a sus discípulos hacerlo; nosotras no seremos la excepción de lo que Cristo mismo constituyó; para mi opinión como norma del servicio, si él tenía un equipo de trabajo ,tú también deberías tenerlo; el Señor constituyó una iglesia que opera como un cuerpo (Efesios 4:4) con distintos sistemas y órganos que cumplen cada uno su función; es maravilloso y deleitoso para el corazón del Padre cuando sus hijos nos unimos en una misma visión. Por otro lado, hay mujeres específicas que han sido procesadas y llenas de la gracia de Dios, constituidas como líderes en diferentes lugares a las que puedes acudir para que formen parte del trabajo y adicionalmente aprender mucho de ellas mientras sirven al Señor.

**Habla con el Padre y pídele que te muestre a quién debes incluir en este maravilloso proyecto. Una vez ubicada(s) tu(s) compañera(s) de trabajo puedes continuar.**

## 3. ¿Cómo hacerlo?

Este es un momento oportuno para poner en práctica toda la imaginación y creatividad que posee tu nuevo corazón, la manera de operar la vas a producir tú misma, ya que debes evaluar el contexto donde se encuentra cada una de las mujeres que te fueron asignadas por el cielo, asumo que cada una de ellas tienen realidades diferentes; sin embargo, te dejaré algunas opciones solo de base.

- Es importante que establezcas un lazo de amistad con la mujer que tienes por misión; ella debe ver el amor del Padre en ti para poder confiar que lo que va a recibir viene *verdaderamente* de Dios. Así que debes tener preparadas sonrisas frescas y genuinas que dejen ver a Cristo en ti.
- Toma un frasco transparente o un sobre y decóralo con muchos colores (alegría), entrégaselo a la mujer en cuestión y cada oportunidad que tengas para verle dale una afirmación diferente escrita en

un papelillo (Eres amada, Eres hermosa, Eres valiosa...) y háblale de ella; también puedes agregar un dulce y un trozo de algodón para que esté dentro de su recipiente. (Esta es una estrategia muy simbólica que logrará que diariamente ella recuerde el proceso de Dios a su corazón).
- Si es posible reunirles a todas en un mismo lugar invítales a un café especial en tu hogar o el de ellas una vez por semana, convoquen al Espíritu Santo a la reunión y hablen en cada cita de los tópicos presentados en este libro.
- Puedes obsequiarles este libro y hacerles un seguimiento de su avance en el mismo a través de un mensaje de texto o una llamada.

Todo va a depender del contexto que estés manejando con ellas, lo más importante es que seas *prudente* a la hora de ejecutar el plan del Padre, con esto me refiero a que refrenes tus impulsos y seas dependiente de Dios, no pretendas ganar nada con tus fuerzas o tu insistencia, debes entender que el trabajo pesado (convencer) lo hace el Espíritu Santo y tú solo debes ser el emisario que entrega intacto el mensaje. Es imprescindible que respetes la voluntad y la decisión personal de cada mujer que te fue asignada: si ellas dicen "sí", avanza, pero si dicen "no", retrocede y ora al Señor por ellas y por su corazón; después de todo nadie te obligó a ti a leer este libro (o eso creo).

## 4. ¿Dónde hacerlo?

Este aspecto va estar determinado por el contexto que estés manejando con las mujeres que de momento son tu misión, tal como lo establecimos en el punto anterior debes evaluar las posibilidades; lo que no está en discusión es buscar un lugar donde se perciba paz y silencio, evita los lugares abiertos como centros comerciales o ámbitos laborales ya que existen muchos factores que colaboran ala distracción y esto resta eficacia.

## 5. ¿Cuándo iniciar?

"Todo tiene su momento oportuno; hay un tiempo para todo lo que se hace bajo el cielo" *Eclesiastés 3:1*

Nuestro momento oportuno tiene que ver con el tiempo de Dios, no podemos adelantarnos ni atrasarnos; el Padre está esperando que respondamos justo a su señal para actuar. La solución a todo siempre estará en hablar con el Señor, en consultarle en oración el tiempo oportuno para todo lo que haces y atender su instrucción.

Este es el momento oportuno de servirle al Señor y sus planes, uno de nuestros grandes errores como seres humanos es cuando aplicamos la postergación una y otra vez hasta finalmente nunca hacerlo.

**Te invito a que le coloques fecha al inicio de tu parte del trabajo.**

---

Me gustaría mucho saber cómo te fue en el reto, puedes escribirme a **mujeresdepropositovzla@gmail.com** y comentarme todo lo que Dios hizo.

Espero que disfrutes y protejas tu *nuevo corazón*.

*Con amor: Carolains de Torres*

www.ingramcontent.com/pod-product-compliance
Lightning Source LLC
LaVergne TN
LVHW041547060526
838200LV00037B/1174